LES TENTATIONS
OU
TOUS LES DIABLES,

PANTOMIME ALLÉGORIQUE, EN TROIS ACTES

PRECÉDÉE DU

CONSEIL DE LUCIFER,

PROLOGUE EN UN ACTE ET EN VERS.

Représentée, pour la première fois, le 27 frimaire an V, sur le théâtre de la Cité-Variétés, et reprise le 28 Messidor an VII.

PAR J. G. A. CUVELIER.

A PARIS,

Chez BARBA, libraire, au magasin des pièces de théâtre, au Petit Dunkerque, près le Pont-Neuf.

AN VIII DE LA RÉPUBLIQUE.

PERSONNAGES.	ACTEURS.
TRISTAN, hermite.......	Le Cit. La Fitz.
AGNÈS, jeune paysanne.	Les Cit. Julie Pariset. Simonet. en partage.
LA VERTU...............	Le Cit Tiglin.
LA VOLUPTÉ............	La Cit. Brulé.
LUCIFER dans différens déguisemens...............	Le Cit. Tautin.
L'AMOUR...............	Le Cit. Dejazet.
LA PARESSE............	Renaud.
L'ORGUEIL..............	Bellague.
L'ENVIE................	Gougy, cadet.
LA COLERE..............	St.-Martin.
LA LUXURE.............	Doucet,
LA GOURMANDISE......	Audille.
L'AVARICE.............	Ahn.
L'AMBITION............	La Cit. Brulé.
L'IGNORANCE..........	Batcheresse.
L'IVROGNERIE..........	Seguin.
TOUS LES DIABLES.....	Blondin, les danseurs accessoires et comparses.
SUITE DE LA VERTU....	Danseuses.
SUITE DE LA VOLUPTÉ..	Danseuses.
NYMPHES, PLAISIRS ET AMOURS.............	Danseurs et danseuses.
MOINES BLANCS........	Renaud, Audille.
DEUX PORTES-FAIX....	St.-Martin, Dominique, Jouy, Seguin, accessoires.
PERSONNAGES, MOITIÉ MOINES, MOITIÉ DIABLES	Blondin et deux danseurs.
UNE JEUNE FILLE......	La Cit. Coulon.
ESCLAVES, de la suite de L'AMBITION..........	Accessoires et comparses.
DIABLES en guerriers, GRECS et ROMAINS..........	Accessoires et comparses.

La scène se passe dans les Enfers, dans les Déserts de la Thébaïde, et dans le temple de la Nature, vers le tems du règne des empereurs d'Orient. La musique est arrangée par les citoyens Navoigille cadet, et Baneux ; les décorations sont peintes par les citoyens Moënch, père et fils ; les machines exécutées par Boullet Junior, et les ballets composés par Blondin.

LE CONSEIL DE LUCIFER,

PROLOGUE EN UN ACTE.

Le théâtre représente une partie de l'enfer, dans le fond on distingue l'entrée du palais de Lucifer.

SCÈNE PREMIÈRE.

(Au lever du rideau, tous les Diables sont occupés à différens jeux analogues aux goûts de l'enfer.) — *Ballet.*

SCENE II.

(Lucifer arrive, suivi d'une troupe nombreuse de démons; il a l'air courroucé; tous ses sujets, saisis de crainte, cessent leurs danses à son aspect.)

LUCIFER.

Suspendez ces jeux infernaux,
Démons soumis à ma puissance,
Prêtez l'oreille au cri de la vengeance,
Et rougissez de ce honteux repos :
Un homme existe sur la terre,
Qui brave impunément nos lois:
Mais c'est en vain qu'il voudroit s'y soustraire,
Il connoitra mon pouvoir, et vos droits;
Souffrirez-vous son insolence extrême?

TOUS LES DIABLES.

Non, non...

LUCIFER.

J'admire en vous cette bouillante ardeur...
Que mon conseil s'assemble à l'instant même,
Sous l'auspice de la terreur,
Que mon trône brûlant devant qui s'humilie
Et se prosterne l'univers,
S'élance du fond des enfers
Parmi les serpens de l'envie.

(A un signal de Lucifer, le trône infernal sort des entrailles de l'enfer ; il est porté par deux dragons qui l'entourent de leurs longs replis. Le conseil se forme.)

(Après être monté sur son trône, et avoir pris son sceptre et sa couronne de fer, Lucifer parle ainsi au conseil assemblé.)

LUCIFER.

Illustres conseillers; compagnons de ma gloire,
Anges, démons, soutiens de l'empire infernal,
Et vous tous, habitans de la demeure noire,
Par qui, chez les humains, tout est ou devient mal;
Votre maitre en ce jour, attend de votre zèle
Les moyens de soumettre un insolent rebelle,
Qui méprise les lois que je viens lui donner:
Parlez, que faut-il faire?...

TOUS LES DIABLES.

Il faut l'exterminer...

LUCIFER.

Modérez ce transport qui nous perdroit peut-être.
Du destin des mortels, je ne suis pas le maître;
Il est d'autres moyens... que chaque passion
Dont le levain fermente en cette région,
Assiège tour-à-tour l'ame de ce jeune homme;
Depuis Adam, séduit par une pomme,
Nous régnons en tyrans sur les foibles mortels;
Sachons maintenir notre empire,
Sachons tenter, et corrompre, et séduire,
Et mériter un culte et des autels.

(Murmure de satisfaction parmi tous les diables.)

(Lucifer ordonne à l'un d'eux d'aller inviter les passions à paroître au conseil; il obéit.)

SCENE III.

(Les sept Péchés Capitaux et toutes les Passions, avec leurs attributs, paroissent et se placent autour du trône.)

LUCIFER, *aux Passions.*

Cet ennemi que vous allez combattre,
Ouvre un champ vaste à de brillans exploits;

Il faut que les moyens, dont il a fait le choix,
Retournés contre lui, servent même à l'abbattre...
Il fit, dans son orgueil, le vœu de pauvreté,
Celui d'un éternel silence,
Celui d'une longue abstinence,
Enfin, le vœu de chasteté;
Il faut humilier cette vaine arrogance...

LES PÉCHÉS CAPITAUX.

Il en sera puni...

LES PASSIONS.

L'enfer sera vengé...

TOUS LES DIABLES,

Vengeance!... vengeance!...

LUCIFER.

Mon cœur est soulagé,
Puisque vous servez ma vengeance...

TOUS LES DIABLES.

Vengeance! vengeance!

LUCIFER, *se levant.*

Vous allez voir ce superbe ennemi,
Avec adresse opposez à lui-même,
Les armes dont il s'est servi,
Pour braver mon pouvoir suprême.
(Il descend de son trône, et fait une conjuration.)

SCENE IV.

(Aussi-tôt le fond de l'enfer s'ouvre, et laisse voir en optique la partie des déserts de la Thébaïde habitée par Tristan; dans le fond est son hermitage.)

(Tristan paroît; il se livre à de pieuses méditations et à des exercices mystiques.)

SCENE V.

(Agnès entre en scène, elle plaint le sort de l'hermite, et elle annonce que de la pitié elle passeroit aisément à un sentiment plus doux; le solitaire à son tour, semble être attiré vers Agnès par un tendre penchant ; les Diables jouissent de son embarras ; mais bientôt Tristan lutte contre lui-même et la nature, et remportant la victoire, il repousse Agnès, et se renferme dans sa cellule ; Agnès sort désespérée, tous les Démons frémissent, et veulent s'élancer vers le tableau magique, Lucifer les contient, et le tableau disparoit.)

SCENE VI.

(Lucifer remonte sur son trône et demande le silence.)

LUCIFER, *avec fureur.*

Eh bien ! vous l'avez vu ce jeune audacieux,
Qui dans sa ferveur insensée,
Des plaisirs repoussant jusques à la pensée,
A force de vertus prétend ravir les cieux ?
Cette image du bien seroit trop dangereuse ;
Marchons .. je veux le prévenir...
Devant l'idole du plaisir,
Je veux qu'il courbe une tête orgueilleuse...

(*Aux Diables.*)

Asmodée, Astaroth ; Belzébut, Belphégor,
Archanges infernaux, créez, forgez des chaines...

(*Aux Passions.*)

Et vous, moteurs puissans des foiblesses humaines,
Démons des voluptés, de l'orgueil et de l'or ;
Déployez à ma voix vos nombreux artifices ;
Enfin dans ce combat pour demeurer vainqueurs,
Dans le vaste arsenal des vices,
Cherchez ces masques imposteurs
Qui des vertus n'offrant que la surface,
Ont si souvent abusé les mortels :
D'un téméraire, il faut punir l'audace,
Il faut relever nos autels ?...
Le jurez-vous...

TOUS LES DIABLES, *avec force.*

Nous le jurons, Vengeance !

LUCIFER, *se levant.*

Et moi je jure ici que ce sceptre de fer
Du défenseur heureux des droits de Lucifer.
Sera la digne récompense.

(Tous les diables croisant leurs mains avec rage, font le rment qu'a exigé leur chef; ensuite ils l'emportent en iomphe avec une horrible joie; les passions soutiennent le ône de Lucifer; ils sortent tous en annonçant qu'ils vont ettre en usage tous leurs artifices pour attaquer et vaincre ur ennemi commun.

FIN DU PROLOGUE.

LES TENTATIONS
OU
TOUS LES DIABLES.
PANTOMIME EN TROIS ACTES.

ACTE PREMIER.

Le théâtre représente une sombre forêt. Dans le fond sur un monticule est l'hermitage de Tristan, il est bâti sur des rochers, au-dessous desquels est une des bouches de l'enfer. A droite des acteurs, sont plusieurs petites chapelles, consacrées pour les pieux exercices des solitaires; à gauche est un oratoire ouvert pardevant, au milieu duquel est un prie-dieu en gazon. L'oratoire est couvert en chaume.

SCENE PREMIERE.

(Tristan sort de son hermitage, descend les bras croisés du monticule, vient faire sés dévotions à toutes les petites chapelles, et s'agenouille ensuite dans l'oratoire sur son prie-dieu; à peine s'est-il livré à ses méditations que le sommeil s'empare de ses sens, et il s'endort profondément.

SCENE II.

Tous les démons conduits par Lucifer, s'élancent du fond des enfers, s'approchent de l'oratoire qu'ils entourent; mais ne pouvant y pénétrer à cause de la sainteté des lieux, ils se retirent en menaçant, pour attendre une meilleure occasion.

SCENE III.

(La Vertu paroît accompagnée de quelques-unes de ses suivantes, elle suit des yeux les démons en se promettant de combattre leurs malices; elle vient auprès de Tristan toujours endormi, les suivantes forment un groupe, en unissant au dessus de sa tête leurs couronnes de roses blanches; et la Vertu lui adresse ainsi la parole.)

LA VERTU, *à Tristan.*

Réveille-toi, solitaire imprudent,
Le plus grand danger te menace;
Déployant à-la-fois et l'astuce et l'audace,
Dans le fond des déserts ton ennemi t'attend;
Par mille illusions cherchant à te séduire
Il va tromper et tes yeux et ton cœur,
De la Vertu si tu chéris l'empire
Garde-toi d'écouter un langage imposteur...
Auprès des bords glissans de l'affreux précipice,
Un art cruel sema souvent des fleurs;
Souvent le front hideux du vice
De l'innocence emprunta les couleurs....
Mais je veux aujourd'hui, prévenant ta demande,
D'un combat inégal te sauver le danger...
Reçois cette simple guirlande
Qui seule peut te protéger:

(*Elle détache sa couronne de roses blanches.*)

Au nom de la Vertu, sur ta tête placée
Elle dissipera les coups du tentateur,
Comme aux rayons brûlans du soleil créateur,
S'évapore dans l'air une humide rosée.

(Après ces mots, la Vertu pose sur le prie-dieu sa couronne, et se retire doucement avec sa suite.)

SCENE IV.

(Tristan se réveille, il se rappelle confusément ce qui vient de se passer, il se lève et croyant voir les diables, il recule épouvanté, l'image de la Vertu rasserène son ame; enfin, il sourit de ses craintes en songeant que ce n'est qu'une illusion du sommeil. Dans ce moment il s'est rapproché de l'oratoire, il apperçoit la couronne sur le prie-dieu; plus de doute, ce n'est pas un songe trompeur, c'est une inspiration divine... il baise la couronne de roses avec respect, il la cache dans son sein, et se promet bien de se souvenir des ut les conseils de la Divinité qui lui a fait le don d'un talisman si précieux.

SCENE V.

Agnès paroit en sautillant sur le monticule, elle apporte à l'hermite du pain et des fruits dans un panier. Embarras de celui-ci et d'Agnès qui sent de l'amour pour lui et n'ose lui en parler: Tristan cherche les moyens de repousser les sentimens qui affligent son ame; après avoir lutté en vain contre l'amour et la nature, il prend le parti de se réfugier dans son oratoire, comme dans un asle inviolable.

SCENE VI.

Agnès seule laisse échapper tous les sentimens d'amour qui couvoient dans son ame, et elle sort en se plaignant de l'insensibilité du solitaire.

SCENE VII.

Tristan revient, il la suit des yeux, et se plaint à son tour du tendre penchant qui vient amollir son ame jusque sous le cilice et la haire.

SCENE VIII.

Un pauvre entre en scène, il est couvert de haillons, il s'avance appuyé sur une bequille et semble accablé de fatigue et de faim; Tristan court à lui, le soutient, le console, et lui offre les provisions qu'Agnès vient de lui apporter. Le pauvre les refuse; et frappant la terre de sa béquille, il en sort une table magnifiquement servie, il invite le solitaire à s'y asseoir et lui montre l'exemple en buvant.

On apperçoit la gourmandise et l'ivrognerie cachées sous la table Tristan soupçonne qu'il y a quelqu'illusion dans ce qu'il apperçoit, il se rappelle le songe qu'il a fait, prend sa couronne et la place sur sa tête: aussitôt la table disparoit, les haillons du pauvre tombent et laissent appercevoir Lucifer, qui, furieux de voir déconcerter son projet, tenu en respect par l'influence de la couronne, sort en menaçant l'hermite de sa vengeance.

SCENE IX.

(Tristan se rit de ses vaines menaces, remercie l'heureux talisman qui l'a sauvé de ce premier danger, et promet bien de s'en servir dans les occasions difficiles. On entend dans le lointain une marche militaire: il écoute surpris.)

SCENE X.

Entrée d'une armée grecque et romaine composée de troupes légères et de soldats armés pesamment qui marchent en ordre chacun sous leurs bannières; le général arrive, et après avoir fait examiner à Tristan deux étendarts sur lesquels on lit ces mots: *Gloire, victoire*, il fait exécuter par ses troupes plusieurs évolutions militaires antiques. Tristan sent son jeune cœur séduit et entrainé par la gloire; le général lui fait offrir un glaive, un casque, et une cuirasse; il les accepte, et s'admire lui-même en voyant son image réfléchie par une glace qu'on lui présente Bientôt il songe que tout ceci peut-être une illusion nouvelle, il prend sa couronne alors les deux mots *gloire et victoire* se changent en ceux-ci; *carnage, désolation*, il reconnoît Lucifer dans le général, et toutes les troupes possédées du démon des combats se jettent avec fureur les unes sur les autres, et forment de terribles et sanglantes attaques; Tristan qui a été obligé lui-même de se defendre et de combattre contre Lucifer et ses suppots, les poursuit la couronne à la main, jusque sur un tertre élevé qui s'abime avec eux sous la terre; le solitaire reconnoissant tous les maux que la gloire entraîne à sa suite, abjure son erreur, jette ses armes, tombe à genoux et implore le dieu de paix et de miséricorde, tandis que les troupes sortent en combattant, après avoir mis le feu à l'hermitage, qui est bientôt dévoré par les flammes.

SCENE XI.

Au fracas des batailles succèdent des sons mélodieux et enchanteurs, Tristan écoute avec ravissement.

(Le théâtre change, et représente un jardin délicieux dont le fond est orné de longues terrasses garnies d'orangers et de statues; à droite est un pavillon dont les colonnes sont en marbre bleu incrusté d'or; ce pavillon est fermé par un rideau; à gauche est un petit trône élégant couronné par une draperie soutenue par des Amours avec des guirlandes de roses; dans les airs paroissent des nuages argentins, également chargés d'Amours, unis par des liens de fleurs.

SCENE XII.

Des Nymphes entrent en scène, en exécutant une danse molle et voluptueuse, elles s'avancent vers l'Hermite dont le cœur commence à s'amollir par les attraits irrésistibles de la volupté. Cependant il veut échapper à la séduction, les Nymphes l'entourent de leurs guirlandes de roses, et le tenant enchaîné, l'entraînent vers le pavillon; Tristan se dégage et veut fuir.

SCENE XIII.

Les rideaux du pavillon se lèvent, il apperçoit la volupté négligemment étendue sur une riche estrade, un moument involontaire le fait tomber à ses genoux. La volupté se lève avec grace de son sopha, présente la main au Solitaire déjà énivré de délices, et le conduit au trône, qui est à l'avant-scène.

Les Nymphes exécutent une danse dans laquelle elles prodiguent tout ce que la volupté a de plus séduisant, la tête de l'Hermite se perd, et son cœur commence à s'égarer avec elle; la séductrice jouit de son triomphe, elle sent qu'il n'y a pas un moment à perdre; à un signal, ses Nymphes lui apportent une coupe qu'elle présente à Tristan, en l'invitant à y désaltérer ses lèvres desséchées. Tristan prend la coupe, en tremblant de plaisir, et va la porter à sa bouche; mais soit crainte, soit transport, la coupe de la volupté échappe de ses mains, elle tombe avec fracas, et il en sort un serpent effroyable qui traverse la scène en sifflant; l'Hermite désenchanté par ce hasard heureux, pose sa couronne merveilleuoe sur sa tête. Le jardin enchanté disparoît, et il se trouve près des ruines de son hermitage.

SCENE XIV.

La Volupté et ses Nymphes, en appercevant le serpent, poussent de grands cris, et sont remplacés par des Démons qui présentent au solitaire l'image hideuse de la luxure à la place de la volupté : repoussé par cette Méduse nouvelle, Tristan tombe par terre, et s'évanouit; les Démons et la luxure disparoissent.

SCENE XV.

Tristan revient à lui, et il invoque la sagesse dont la douce influence doit ramener le calme dans son ame.

SCENE XVI.

Deux Moines quêteurs traversent la scène, l'un tient à la main un bourdon, l'autre a sur l'épaule une lourde besace; ils apperçoivent l'Hermite, le consolent, l'encouragent, mais le menacent en arrière; enfin, ils l'invitent à venir se reposer dans leur couvent, qui n'est pas éloigné; Tristan considérant qu'il n'a plus d'asile, que son hermitage est brûlé, et que, seul dans les déserts, il sera exposé à de nouvelles tentations auxquelles il finira peut-être par succomber, accepte l'offre de ceux qu'il croit ses frères et ses amis, et s'appuyant sur eux, il sort, tandis que ceux-ci, par des signes particuliers, témoignent une joie secrette de le voir si promptement accéder à une invitation dont le pauvre Solitaire ne prévoit pas tous les dangers.

FIN DU PREMIER ACTE.

ACTE II.

(Le Théâtre représente un cloître. On voit au milieu une table toute servie et des tabourets antiques).

SCENE PREMIERE.

Les moines arrivent conduits par leur prieur ; ils se mettent à table, et jouissent, en vidant les flacons de Falerne, de toutes les douceurs de la vie monastique.

On frappe à la porte.

SCENE II.

(Un frère laïc, aussi maigre, pénitent et pâle, que les révérends pères sont gras, joyeux et rubiconds, vient leur annoncer une lanterne magique apportée par des portefaits.)

SCENE III.

Dès que les caffards sont seuls, ils ouvrent mystérieusement la lanterne magique ; il en sort une jeune fille, que chaque moine convoite, mais que le prieur fait placer à table à côté de lui. Le vin coule de nouveau, la joie des convives redouble, et ils se livrent à tous les plaisirs qu'on peut goûter entre Bacchus et l'amour. Dans ce moment on sonne à la porte avec violence.

SCENE IV.

Le frère accourt les avertir que c'est un étranger qui arrive ; les moines s'empressent d'enlever la table, de faire cacher la fille, et reprenant la froide dignité du cloître, ils se rangent les bras modestement croisés, pour recevoir leur nouvel hôte.

SCENE V.

Entrée de Tristan présenté par les deux quêteurs; dévotes salutations de part et d'autre.

Le *porte-besace* annonce aux révérends qu'il a fait une ample collecte, il ouvre son havre-sac, et leur laisse voir des sacs d'argent qu'il distribue à chacun d'eux; entraîné par l'exemple, Tristan reçoit aussi une part de la quête; dans ce moment il laisse tomber sa couronne qu'un des quêteurs ramasse. Notre solitaire croit découvrir quelques signes d'intelligence entre nos dévots : il veut se retirer, on veut le retenir; après maintes momeries, il sort accompagné par leurs révérences.

SCENE VI.

Les frères quêteurs restent seuls; l'un se désole du départ de l'hermite, l'autre lui montre la couronne qu'il a enlevée; ils se réjouissent tous deux de posséder le talisman qui défendoit le solitaire, et sortent pour marcher sur ses traces.

(Le théâtre change et représente une campagne aride, au milieu de laquelle sont trois énormes rochers.

SCENE VII.

(Obscurité; l'éclair brille et le tonnerre gronde dans le lointain).

Les moines sortis de leur couvent accompagnent le pauvre hermite, et l'embrassent en lui souhaitant un bon voyage. Cependant comme l'orage redouble, ils l'engagent à rentrer avec eux dans le monastère; Tristan qu'un funeste pressentiment poursuit, veut les quitter à quelque prix que ce soit.

(L'orage éclate avec violence).

SCENE VIII.

Le frère quêteur paroît triomphant; il tient en main la couronne miraculeuse; Tristan la lui redemande vivement; le quêteur se moque de lui; Tristan insiste et veut se jeter sur le ravisseur, dont l'habit disparoît et laisse voir à la lueur des éclairs Lucifer en personne : le roi des démons fait un signal, les moines se trouvent changés en diables qui se précipitent sur Tristan, les rochers s'enfoncent spontanément, et on découvre derrière ces masses, sur des monceaux de lave enflammée une multitude de démons qui menacent le malheureux solitaire. A un second signal de Lucifer, Tristan s'engloutit au milieu de tous les diables avec les monts de lave qui disparoissent dans les entrailles de la terre.

SCENE IX.

Agnès qui a vu de loin son amant s'engloutir au milieu des flammes, vole à son secours, déjà son corps se penche sur l'abime encore entr'ouvert : Lucifer l'arrête, elle tombe évanouie dans ses bras, il la renverse expirante sur un bout de rocher, et saute dans le gouffre qui se referme sur lui.

SCENE X.

Agnès seule revient à elle petit-à-petit, elle se rappelle l'horrible tableau dont elle vient d'être témoin ; elle veut suivre son ami, elle parcoure la scène, vient à l'endroit où il a disparu, et frappant la terre de sa tête, elle desireroit qu'elle pût s'ouvrir de nouveau pour la réunir à celui qu'elle aime.

SCENE XI.

Une pélerine arrive, apperçoit Agnès et la soutient dans ses bras ; elle essaie de consoler l'amante infortunée qui repousse ses consolations ; alors la pélerine ouvre sa robe, et laisse voir la vertu. Agnès tombe à ses pieds, la vertu lui offre son sein pour réfuge dans son infortune, la jeune paysanne s'y précipite, et sa conductrice l'entraîne loin des lieux qui ne lui retracent que de douloureux souvenirs.

SCENE XII.

(Le théâtre change, et représente l'intérieur de l'enfer avec la façade du palais de Lucifer. Dans le fond est un fleuve enflammé).

Tristan entre dans l'enfer qu'il trouve désert, il l'examine avec horreur; et se voyant seul, il cherche une issue pour s'échapper.

SCENE XIII.

De tous côtés s'élancent des grouppes de démons qui le saisissent et le torturent de mille manières. Enfin, après les plus horribles tableaux, après que l'infortuné a éprouvé toutes les angoisses de la damnation, il tombe évanoui et sans force dans les bras de Lucifer, tandis que tous les diables agitent autour de lui leurs poignards sanglans et leurs torches infernales.

SCENE XIV.

Les démons suspendent tout-à-coup son supplice, et s'arrêtent saisis de frayeur à l'approche d'un être inconnu qui s'avance sur les sombres bords. C'est la vertu elle-même qui, sous son déguisement de pélerine, vient arracher Tristan des bras de ses féroces ennemis. Les démons cherchent en vain à la reconnoître, et à percer le voile qui la couvre, ils veulent se jeter sur elle, ils sont arrêtés par une force magique et inconnue. Tristan reprend ses sens, se relève, reconnoît celle qu'il a apperçue en songe, et va voler à ses genoux; on le retient, on le menace, on le renverse... La vertu disperse les démons, et relève Tristan qu'elle cherche à entraîner hors du sombre empire. Lucifer veut retenir sa proie... Lutte entr'eux deux, tableau de l'homme entre le vice et la vertu... Après bien des efforts, celle-ci l'emporte. Lucifer est précipité dans le fleuve de feu, et la vertu triomphante s'élève, et perce la voûte infernale en tenant son protégé par la main.

Tous les diables, furieux de se voir vaincus, veulent s'élancer pour rattrapper leur victime et venger leur chef; ils sont tous les uns après les autres renversés dans les flammes, où leur rage impuissante lutte en vain contre la douleur qui les pénètre, et les remords plus déchirans encore que la douleur.

FIN DU SECOND ACTE.

ACTE TROISIÈME.

(Le théâtre représente une campagne agréable, à droite est un banc de gazon couronné de roses).

SCENE PREMIÈRE.

Agnès s'avance dans la campagne; abandonnée un moment de sa protectrice, l'effroi s'est de nouveau emparé de son ame.... Elle est triste, rêveuse, elle peint son amour pour Tristan, et l'appelle en vain d'une voix gémissante; l'écho seul répond à ses cris, elle tombe accablée sur le banc de gazon; petit-à-petit le sommeil verse dans ses sens son baume salutaire et divin, elle s'endort.

SCENE II.

Tristan paroît appuyé sur sa libératrice; il se jette à ses pieds et la remercie de l'avoir arraché aux griffes des puissances infernales; la pélerine le relève, et lui montrant Agnès endormie, elle l'invite à ne pas lutter davantage contre les doux sentimens qui l'entraînent vers cette aimable paysanne; le solitaire hésite... renoncer à ses vœux, à ses sermens lui paroît presque impossible; la pélerine l'encourage à faire ce sacrifice à l'amour honnête, et à la nature qui ne sauroit nous tromper, et le laisse seul avec la belle Agnès.

SCENE III.

Malgré les avis de la pélerine, Tristan hésite encore; il s'approche d'Agnès en tremblant, elle est toujours endormie, il admire tous ses charmes. Il s'enhardit peu-à-peu, son cœur s'enflamme par degrés, il sent tout ce qu'il a perdu jusqu'à ce moment en sacrifiant les plaisirs de la nature au délire du fanatisme; la raison a porté son flambeau dans son ame, il conçoit que c'est offenser le créateur, que de renoncer volontairement à la plus belle moitié de la création; il met un genou en terre vis-à-vis d'Agnès, il abjure tout bas une trop longue erreur, et pose un baiser brûlant sur la main de la dormeuse. Agnès se réveille en sursaut... son amant qu'elle avoit cru insensible et perdu pour elle, est à ses genoux ?... elle a peine à en croire ses yeux... Son premier mouvement avoit été une douce surprise et l'explosion de la joie... Le second rappelle son ame à sa timidité naturelle; le fard de la pudeur colore ses joues, elle s'éloigne honteuse et reproche même à Tristan sa témérité.. mais ce Tristan est devenu si tendre, si soumis, si passionné... qu'il est impossible de ne pas lui pardonner.. Du pardon de l'amant à tous les plaisirs de l'amour, il n'y a qu'un pas... Tristan est dans les bras d'Agnès, il a jeté loin de lui cet accoutrement bizarre qui faisoit un sombre hermite, d'un jeune homme aimable et beau...

SCENE IV.

Lucifer paroît derrière eux; croyant pouvoir profiter de cet instant de délire pour ressaisir sa victime et entrainer dans les gouffres infernaux Agnès avec son amant, il appelle l'ambition à son aide...

SCENE V.

(Le théâtre change et représente un superbe portique dont le fond présente dans le lointain, une ville immense décorée d'obélisques, de colonades et de palais magnifiques. On entend une musique brillante, les deux amans écoutent et regardent avec la plus vive surprise).

SCENE VI.

Entrée d'une troupe nombreuse d'esclaves richement habillés et précédés par une musique militaire. Le cortège défile sur la scène; sur deux pavois portés par des noirs brillent une couronne et un sceptre placés sur de brillans coussins; la marche est fermée par l'ambition; elle est élevée sur un char trainé par des rois; derrière ce char plusieurs esclaves illustres sont attachés fortement par des chaînes d'or. Tristan et Agnès sont éblouis du spectacle pompeux qui s'offre à leurs yeux. Un autel s'élève au milieu de la colonnade; on y place la couronne, et l'ambition descendant de son char, fait présenter le sceptre à Tristan, et invite Agnès à accepter le diadême.

Agnès qui est jeune et jolie, ne voit que l'éclat de la couronne. Tristan soupçonne les dangers que l'on court en la portant, elle va l'accepter, il l'arrête, prend le sceptre, le brise et le foule aux pieds. Soudain la couronne placée sur l'autel éclate en mille morceaux, l'autel s'abime, l'ambition et sa suite disparoissent et sont remplacés par Lucifer et tous les démons.

SCENE VII.

Une teinte de sang colore les airs; des monstres effrayans paroissent en même tems de tous les côtés; le gouffre infernal s'est ouvert de nouveau et vomit des flammes. Les amans épouvantés veulent s'enfuir, Lucifer les fait saisir, on les entraine vers le gouffre, ils vont y être précipités. Mais le ciel veille sur eux: une pluie de feu tombe avec fracas et forme un mur impénétrable entre les démons et leurs victimes. Les monstres s'évanouissent, Lucifer s'agite en vain dans le feu; il est foudroyé avec toute son armée infernale, qui rentre dans le gouffre de douleurs pour n'en plus ressortir.

SCENE VIII.

Une musique douce et divine reporte le calme et la paix dans les ames épouvantées des deux amans. Tout le théâtre se couvre de nuages colorés de teintes délicates de l'aurore, et la vertu descend au milieu dans une gloire radieuse.

Agnès et Tristan reconnoissent celle qui les a sauvés tous deux et se prosternent à ses genoux; la vertu les relève avec le sourire de l'innocence, et elle leur adresse ainsi la parole:

LA VERTU, *à Tristan.*

Reconnois la main protectrice
Qui guida tes pas incertains,
En t'arrêtant aux bords du précipice,

Et qui va fixer tes destins :
Je viens de t'arracher à cette troupe impure,
Qui des foibles mortels a causé tous les maux,
Et pour assurer ton repos,
(Elle lui présente Agnès):
Je te ramène à la nature...
L'égoïsme et le célibat,
Tous ces faux biens qu'on nous vante sans cesse,
De l'orgueil et de la foiblesse
Sont le dangereux résultat ;
En vain le fanatisme, ami de l'esclavage,
Aux charmes de l'amour voudroit fermer ton cœur ?..
Est-ce offenser le créateur,
Que d'adorer son plus parfait ouvrage ?..
Ah ! ce n'est point au milieu des déserts
Que la vertu fixa son temple auguste ;
C'est dans le cœur de l'homme juste,
Qui, sans fuir les dangers, sait braver les revers :
Inutile à lui-même, ainsi qu'à son semblable,
Le cénobite obscur, au pied d'un froid autel,
De ses vœux impuissans fatigue l'éternel ;
L'éternel est inexorable...
Quand sa main libérale a doré nos moissons;
Etoit-ce pour les voir dans leurs tristes sillons,
Se dessécher et mourir inutiles ?
Non : c'est pour nos besoins que les champs sont fertiles;
Et la fleur qu'on respire avec la volupté,
Au lieu de se faner sur sa tige sauvage,
Doit orner tour-à-tour le sein de la beauté,
Ou parer le front du courage.
Le plaisir ne peut être un mal...
Dans le temple de la nature
Une flamme céleste et pure
Va briller sur l'autel de l'amour conjugal,
Suivez-moi.. que vos cœurs s'ouvrent à la tendresse;
Et souvenez-vous toujours bien,
Qu'user de tout, en n'abusant de rien,
C'est la véritable sagesse.

Dès que la vertu a parlé, la gloire s'enlève avec les nuages et laisse voir dans le fond le temple de la nature; au milieu est l'autel de l'amour, autour duquel l'amour est grouppé avec des plaisirs, des nymphes, et la suite de la vertu. A droite et à gauche sous des pavillons de marbre blanc garnis de bas-reliefs en or et enrichis de tous les dons de Flore, Bacchus et Pomone; le temple est élevé sur des terrasses décorées de cascades mouvantes; au pied est un large bassin dans lequel circule une onde pure.

La vertu conduit les amans dans le temple de la nature et les unit à l'autel de l'amour, après y avoir allumé le feu sacré.

BALLET GÉNÉRAL.

FIN DU TROISIÈME ET DERNIER ACTE.

www.ingramcontent.com/pod-product-compliance
Ingram Content Group UK Ltd.
Pitfield, Milton Keynes, MK11 3LW, UK
UKHW020450220726
13923UKWH00005B/2454

9 782019 701895